Inhalt

Bonuskarte

Kernthesen

Beitrag

Fallbeispiele

Weiterführende Literatur

Impressum

Bonuskarte

E.Krug

Kernthesen

- Handeln und Feilschen sind nach über einem Jahr, das seit Fall des Rabattgesetzes vergangen ist, beim Großteil der deutschen Verbraucher weiterhin tabu. Bevorzugt dagegen wird immer häufiger der Einkauf auf Basis bonusgestützter Kartensysteme. (1), (2), (3)
- Die Bonuskarte lockt nicht nur - wegen der Gewährung von Boni - kurzfristig die Kunden an, sondern dient langfristig als Instrument zur Kundenbindung. (1)
- Als bisher hauptsächlich von großen Unternehmen verwendetes Marketing-Instrument, hält die Bonuskarte zunehmend Einzug in den Kundenbindungsprozess des Mittelstands

und kleinerer Händler. (1), (4), (5)

Beitrag

Es boomt bei den bonusgestützten Kartensystemen. Aktueller denn je, sichert sich die Bonuskarte ihren festen Platz im Marketing-Mix. Immer mehr Händler versuchen mit Hilfe von Kundenkarten, ihre Kunden "kennenzulernen". Vor allem große Unternehmen bieten schon seit längerem Bonuskarten an. Seit geraumer Zeit lassen diverse Citycards etc. auch mittlere und kleinere Unternehmen auf diese Art der Kundenbindung zurückgreifen. Durch eine spezielle Kundenkarte für den Mittelstand, "Family and Friends Card", die gegen Ende 2002 auf den Markt kommen wird, ist dieses Thema besonders aktuell. (vgl. Cases) (1), (5)

Welche Vorteile bringt das bonusgestützte Kartensystem mit sich?

Für die Kunden bedeutet die Bonuskarte, dass ihr Einkauf auf irgendeine Art, wie z. B. durch Preisnachlass oder Prämie, "belohnt" wird.

Für die Händler zeichnet sich die Bonuskarte durch zwei Vorteile aus:
- Der Kunde wird durch Boni "angelockt"
- Kundenbindung durch Data Mining

Obwohl es seit geraumer Zeit möglich ist, um Preise zu "feilschen", können sich deutsche Verbraucher für diese Möglichkeit der Preissenkung nur wenig begeistern. Lieber verwenden sie ihre Bonuskarten. Mit den Bonuscards ist der Prozess der Preisminderung durch Rabatte und Boni geregelt und der Verbraucher weiß vorab, mit welcher Art der Vergünstigung er rechnen kann, ohne selbst "handeln zu müssen". Die einzige Herausforderung für den Verbraucher, ist die Vielfalt der unterschiedlichen Bonuskarten-Programme. (1), (2), (3)

Was verbirgt sich genau hinter bonusgestützten Kartensystemen?

Das Prinzip, nach dem die meisten Karten funktionieren:
Der Käufer bekommt Bonuspunkte, diese werden ihm am POS gutgeschrieben und je nachdem im System oder auf dem Kartenchip abgespeichert. Die Anzahl der Punkte ist in der Regel von der Kaufsumme abhängig. Oft gibt es für den Kunden auch noch andere Möglichkeiten sich Punkte zu verdienen, wie

z. B. die Teilnahme an einer Befragung oder der Einkauf in einem vorgegebenen Zeitraum.

Zu einer bestimmten Frist oder bei einer bestimmten Punktzahl können die Punkte gegen z. B. Preisnachlässe eingelöst werden.
Fazit: Die Karten und somit die Händler werden für den Kunden attraktiv. (1)

Das wiederum hat zur Folge, dass sich möglicherweise eine Kundenbeziehung aufbauen lässt, die zu einer langfristigen rentablen Kundenbindung führen kann. Voraussetzung für eine derartige Kundenbindung ist, dass dem Verbraucher ein echter Mehrwert geboten wird, da Rabatte und kleine Geschenke auf Dauer dem Kunden nicht ausreichen. Dieser will spüren, dass man ihn als Kunden wertschätzt und ihn dementsprechend betreut. (1), (3)

Die bonusgestützte Kundenkarte gibt dem Händler eine Chance, individuell auf den Kunden einzugehen. Mit den Daten, die der Käufer bei Nutzung der Karte hinterlässt, besteht die Möglichkeit, ein "zielgruppengenaues Direktmarketing" aufzubauen. Je nach Angaben der Verbraucher (Alter, Geschlecht, etc.) bei Antragstellung, können diese bestimmten Konsumgruppen zugeordnet werden. Die vielfältigen Informationen über Gesamtumsatz,

Durchschnittsbon, Anzahl der Anträge etc. können in Statistiken festgehalten werden. Mit einem effektiven Data Mining ist es durchaus möglich, den Kunden gezielt und individuell zu bewerben. (1)

Was gibt es bei der Implementierung von Bonuskarten zu bedenken?

Leider ist es noch häufig der Fall, dass die Informationen zu wenig systematisch ausgewertet und "veredelt" werden. Nur die Bonuskarte einzusetzen und eine gewisse "Eigendynamik" zu erwarten, reicht definitiv nicht aus, um eine effiziente Kundenbeziehung herzustellen.
Die Datenerfassung, -speicherung und -verwaltung an sich bedeuten einen hohen Kostenfaktor, der die mittleren und kleineren Unternehmen und Händler vor dem Bonuskartensystem zurückschrecken lässt. Außerdem kommt dazu, dass auf einzelne Kundengruppen abgestimmte Marketing-Aktionen meist sehr kostenintensiv sind. (1), (3)

Fallbeispiele

Studie über die momentane "Kundenkarten-Situation" in Deutschland

Einige Ergebnisse einer repräsentativen TNS Emnid-Studie, durchgeführt im März 2002 bei ca. 1000 Verbrauchern:
jeder zweite Bundesbürger besitzt mindestens eine Kundenkarte
85% sind mit der Anzahl an Karten zufrieden
12% würden weniger bevorzugen
56% legen Wert auf spezielle Sonderangebote und -aktionen nur für Karteninhaber
59% ziehen Bargeld den Prämien vor
Gründe für die Kartennutzung:
82% "Geld sparen"
70% "kein Feilschen" (1)

Beispiel für ein attraktives Kundenbindungssystem durch

Bonuskarten

"SinnLeffers Fashion Card":
Die Devise lautet: Modisch immer auf dem neuesten Stand, gleichzeitig durchs Punktesammeln Vergünstigungen in Anspruch nehmen.
Beim Einkauf werden Bonuspunkte gutgeschrieben, für jeden Euro gibt es einen Punkt. Jeder Punkt ist einen Cent wert.
Des Weiteren erhalten Karteninhaber Modeinformationen, Einladungen zu Modenschauen etc.
Besonderer Service: Der Kunde bekommt bei Erreichen von 750 Punkten automatisch einen Gutschein zugeschickt.
Die Fashion Card wurde bereits an über eine Mio. Kunden verteilt.
Das Unternehmen erzielt mehr als 40 % des Umsatzes über Einkäufe mit der Bonuskarte.
Es werden pro Monat ca. 400.000 Kaufvorgänge mit der Fashion Card abgewickelt. (4)

Beispiele für eine Bonuskarte für mittelständische Unternehmen

oder Händlergemeinschaften

"Loyalty Direkt":
Die Experian Deutschland Holding GmbH, Hamburg bietet mit der Karte "Loyalty Direkt" eine neue Lösung für den Mittelstand an.
Potenzielle Nutzer sind u. a. Städte, Hotelketten, Einkaufszentren, kleine Filialunternehmen.
"Loyalty Direkt" kann als "Kunden- oder Mitarbeiterkarte eines einzelnen Unternehmens oder als Multipartnerkarte ausgelegt werden.
Das Konzept zeichnet sich dadurch aus, dass es "die Kosten durch Standardisierung niedrig hält" und gleichzeitig höchste Flexibilität bietet. Das System lässt viel Raum für Eigenaktivitäten und freie Entscheidungen. (1), (4), (6), (7)

"Family and Friends Card":
Die Family & Friends Loyalty AG, Oberhausen plant ab Dezember eine spezielle Kundenkarte auf den Markt zu bringen.
Auch diese Karte soll den mittelständischen Unternehmen bei der Kundenbindung unterstützen.
Es können über die Karte sowohl Bonuspunkte gesammelt werden, als auch Rabatte gewährt werden.
Die Händler haben die Möglichkeit, die Karte mit

einem eigenen Logo zu versehen. Dennoch ist die Karte auch in allen anderen, an das System angeschlossenen Geschäften, gültig.
Nach Angaben des Unternehmens sollen 1.000 kleinere Händler quer durch alle Branchen teilnehmen und zwischen 500 und 1.000 Karten an ihre Kunden aushändigen.
Die Karte startet im Ruhrgebiet, soll aber 2003 ganz Nordrhein-Westfalen abdecken. (5)

Beispiel für Citycards

"Bredl-CityCard":
Diese Bonuskarte ist ein Gemeinschaftsprodukt von der Stadt Ravensburg, dem Modehaus Bredl und danova, Spezialgesellschaft für Kartendialog.
Beteiligt: 12 Unternehmen
Die Punkte können in allen beteiligten Läden gesammelt und dort auch gegen Waren oder Bargeld ausgetauscht werden.
Die Karte kann zusätzlich einen Betrag bis zu 200 Euro speichern und als Zahlungsmittel benutzt werden.
Auf der bredl-CityCard Hotline beantworten an Werktagen Mitarbeiter/-innen Fragen rund ums

Einkaufsgeschehen in Ravensburg. (4)

Weiterführende Literatur

(1) Bonbon(u)s für die Kunden - Was bonusgestützte Kartensysteme leisten
aus Direkt Marketing, Heft 10/2002, S. 36-39

(2) Kunden im Kaufstreik
aus TextilWirtschaft 41 vom 10.10.2002 Seite 040

(3) Rabatt ohne Kaufanreiz Kundenkarten haben nur Erfolg, wenn sie Käufern einen persönlichen Mehrwert liefern - doch das wird teuer für die Betreiber
aus FTD Financial Times Deutschland vom 09.10.2002, Seite 34

(4) Geld sparen auf den Punkt gebracht
aus Direkt Marketing, Heft 10/2002, S. 40-42

(5) Kundenkarte für den Mittelstand
aus Lebensmittel Zeitung 42 vom 18.10.2002 Seite 052

(6) Kundenkartensystem für den Mittelstand
aus cards Nr. 04 vom 01.11.2002 Seite 036

(7) Bonusprogramm für kleinere Händler
aus Lebensmittel Zeitung 42 vom 18.10.2002 Seite 052

Impressum

Bonuskarte

Bibliografische Information der deutschen Nationalbibliothek

Die Deutsche Nationalbibliothek verzeichnet diese Publikation in der deutschen Nationalbibliografie; detaillierte bibliografische Daten sind im Internet über http://dnb.d-nb.de abrufbar.

ISBN: 978-3-7379-0825-2

© 2015 GBI-Genios Deutsche Wirtschaftsdatenbank GmbH, Freischützstraße 96, 81927 München, www.genios.de

Alle Rechte vorbehalten. Dieses Werk ist einschließlich aller seiner Teile – z.B. Texte, Tabellen und Grafiken - urheberrechtlich geschützt. Jede Verwertung außerhalb der Grenzen des Urheberrechtsgesetzes bedarf der vorherigen Zustimmung des Verlags. Dies gilt insbesondere auch für auszugsweise Nachdrucke, fotomechanische Vervielfältigungen (Fotokopie/Mikroskopie), Übersetzungen, Auswertungen durch Datenbanken oder ähnliche Einrichtungen und die Einspeicherung und Verarbeitung in elektronischen Systemen.